Daniel Kehlmann
*Diese sehr ernsten Scherze*
Poetikvorlesungen

Göttinger Sudelblätter

Herausgegeben von
Heinz Ludwig Arnold

# Daniel Kehlmann
# Diese sehr ernsten Scherze
## *Poetikvorlesungen*

WALLSTEIN VERLAG

Ich habe keine Ahnung. Dies ist keine rhetorische Wendung. Keine originelle Anfangsphrase, der gleich ein unauffällig gesetztes »aber« folgen wird. Ich weiß wirklich nichts. Es gibt keine Professionalität beim Schreiben. Jeder Autor ist bei jedem Projekt wieder am Anfang, es existieren keine Meisterprüfungen, die einen davor schützen würden, beim nächsten Mal die dümmsten Anfängerfehler zu machen. Man tastet immer.

Das literarische Milieu jedoch drängt uns in die Rolle der selbstbewußten Auskunftgeber. Jeder hoffnungsvolle Schöpfer von zwei Kurzgeschichten und drei Gedichten, der das Glück hatte, seine ersten Zeilen in einer Literaturzeitschrift zu veröffentlichen, wird bereits vor ein Mikrofon gezerrt, wo man ihm Erklärungen abfordert, was das Schreiben an sich sei und wie er es damit halte. Alljährlich können wir uns in den Vorstellungsfilmchen der Klagenfurter Vorleseveranstaltung von Leuten, die oft gerade ein Buch geschrieben haben, erklären lassen, worauf sie es mit dem Schreiben abgesehen hätten, was es mit ihrer literarischen Kunst denn so auf sich habe. Die Armen werden gezwungen zu sprechen, als hätten sie die erste Gesamtausgabe bereits hinter sich, als wäre jeder von ihnen Tolstoi kurz nach der Abfassung von »Anna Karenina«. Nur daß sogar Tolstoi es eigentlich nicht wußte und daß nicht einmal dieser Meister genug Meister war, um nicht auch erbärmlich schwache Texte zu schreiben und einige Äußerungen über die Aufgabe der Literatur von sich zu geben, die ästhetisch so wertvoll sind wie eine Fatwa des Ajatollah Khomeini. Kurz: Glauben Sie keinem Poetikdozenten. Mißtrauen Sie Interviews gebenden Autoren, seien Sie skeptisch gegenüber einer Universität, die Ihnen Schriftsteller einlädt, damit diese hier vor Ihnen stehen und tun, als wüßten sie irgend etwas.

Als deutscher Autor ist man ständig, ununterbrochen, auf Schritt und Tritt ein Befragter. Paßt man nicht auf, kann es passieren, daß man diese fragende Instanz internalisiert und plötzlich mit sich selbst beim Zähneputzen oder Schuhezubinden im Interviewton spricht. Darum also, der Ehrlichkeit und auch der Einfachheit halber, gestatten Sie mir einen Akt künstlerischer Externalisierung; gestatten Sie mir, als ein ständig Befragter, in der gewohnten Rolle zu bleiben – und mich selbst zu befragen.

*Also zu Beginn gleich die lästigste aller Erkundigungen. Die große Modefrage der siebziger Jahre. Warum schreiben Sie?*

Oh, bitte. Warum fragen Sie mich ausgerechnet das?

*Weil Sie diese Frage für mich geschrieben haben!*

Bitte keine postmodernen Spiele, das ist aus der Mode gekommen. Unterlassen Sie diese billigen Sprünge auf die Metaebene und antworten Sie: Warum fragen Sie das?

*Nicht, um von Ihnen große Worte zu hören. Aber seien wir doch ehrlich, es ist ein seltsamer Beruf. Ein wenig lächerlich für einen erwachsenen Menschen. Sie sitzen daheim und denken sich Geschichten aus, die nie passiert sind. Wußten Sie, daß man Adalbert Stifter im Bauerndorf seiner Herkunft zu Zeiten seines Ruhms noch den »Lugenbertl« nannte, den lügenden Albert? Einen, der Lügengeschichten erfindet. Ganz im Ernst, haben Sie nicht manchmal ein schlechtes Gewissen, oder vielleicht eher: ein Triumphgefühl, daß Sie es geschafft haben, dem Lebensernst so davonzulaufen und einen Beruf zu ergreifen, der eigentlich die Flucht vor einem Beruf ist?*

Durchaus.

*Und trotzdem: Warum gerade dieser? Nur der Wunsch, in kein Büro gehen zu müssen, kann es ja wohl nicht gewesen sein. Also versuchen Sie, mir ernsthaft zu antworten: Warum schreiben Sie? Und warum hassen Autoren diese Frage so?*

Letzteres wäre der eigentlich interessante Punkt. Sie hassen diese Frage, weil es keine gute Antwort gibt. Schriftsteller wachsen auf als lesende Kinder, sie sitzen im Zimmer, und alles, was in den Büchern steht, erscheint ihnen sowohl wirklicher als auch wahrer als die aufdringliche, laute und, seien wir ehrlich, immer auch ein wenig Angst einflößende Welt da draußen. Später geben sie das nicht gerne zu. Dann hätten sie gerne eine andere Kindheit gehabt, voller Abenteuer und Wildheit und Spielgefährten. Das ist übrigens der Hauptgrund, warum Autoren ständig über Fußball schreiben wollen. Es ist eine späte Rache dafür, daß sie in der Schule immer die letzten waren, die in die Mannschaft gewählt wurden; sie und der kleine Kerl mit der großen Brille, der Asthma hatte und heute die europäischen Hyundai-Werke leitet, während die tollen Typen von damals ihr Auskommen an Zapfsäulen finden und fragen, ob sie noch mal über die Scheibe wischen sollen. Wie befriedigend, daß das Leben die Hierarchien umkehrt. Aber ich schweife ab.

*Ja, und mit Grund. Ich hatte gefragt ...*

Ja ja, Sie hatten gefragt, warum ich schreibe. Warum man schreibt. Das Peinliche ist, daß man es wirklich nicht weiß. Vor zwanzig Jahren war es leicht, da hätte man antworten können, um die Welt ein bißchen besser zu machen, um zu kämpfen, damit die Menschen es irgendwann verstehen, um zu wirken, so wenig es auch ist. Das war natürlich immer schon Unsinn, aber mittlerweile hat sich das so weit herumgesprochen, daß man mit solchen Sätzen keinem mehr kommen kann. Dabei fasziniert mich übrigens die bis heute stillschweigend geltende Voraussetzung, daß es so gut und hilfreich wäre, wenn Schriftsteller etwas bewirken könnten.

*Ist es das nicht?*

Wir müssen dankbar sein für jeden Autor, dem Macht versagt bleibt. Mein Gott, Hölderlin und Kleist waren für Patriotismus und deutsche Nation, Kipling fürs englische Imperium, Claudel und Yeats halbe Faschisten, Pound und Benn ganze, von Céline und Jünger mag ich gar nicht reden, und Aragón, Éluard, Brecht, Heinrich Mann, Feuchtwanger und viele Dutzend andere der ersten Geister Europas schrieben Ergebenheitsadressen an und Hymnen auf Joseph Stalin. Schriftsteller haben vor allem zwei Eigenschaften: Sie sind der Pragmatik abhold und ziemlich oft Opportunisten. Demokratische Politik ist aber nun mal die Kunst der Pragmatik und des faulen Kompromisses. Sie ist unästhetisch und damit abstoßend für Künstler. Außerdem stehen diese oft unter starkem Gruppendruck und sind – nun ja, nicht in allen Fällen charakterlich disponiert, diesem zu widerstehen. Dieses Kapitel unserer Literaturgeschichte ist seltsamerweise noch ungeschrieben. Als Costa Gavras und Yves Montand im grandiosen Film »Das Geständnis« von den Noël-Field-Prozessen und den Säuberungen in der kommunistischen Tschechoslowakei berichteten, hörten selbst enge Freunde der beiden auf, mit ihnen zu sprechen. Als Kingsley Amis, sein Sohn Martin berichtet es in einem bemerkenswerten Buch, das nicht ins Deutsche übersetzt wurde, in den sechziger Jahren begann, die Sowjetunion zu kritisieren, war er für seine Autorenfreunde von einem Tag zum nächsten nur noch »der Faschist«. Wo sind eigentlich die Kulturhistoriker, die solche

Erinnerungen systematisch zusammentrügen, bevor sie verschwunden sind?

*Das ist alles schön und gut, oder eigentlich häßlich und schlecht, aber Sie weichen mir immer noch aus.*

Und das werde ich so lange tun, bis Sie etwas anderes fragen.

*Dann wollen wir es so aufrollen. Gibt es überhaupt ein Handwerk des Schreibens?*

Ja und nein. Der Begriff Handwerk ist eine Metapher. Bücher bestehen nicht aus Schrauben und Bolzen, es wird nicht gefeilt, und letztlich gibt es nichts, was tatsächlich der physischen Fertigkeit eines routinierten Experten manueller Arbeit korrespondieren würde. Aber natürlich, wie in allen Dingen spielt auch hier Übung eine Rolle. Und wie in allen Dingen bewahrt sie einen nicht vor dem Versagen. Auch lernt man beim Schreiben nicht kontinuierlich, sondern in Sprüngen. Nach langer Zeit des Suchens hat man plötzliche Erkenntnisse, zuweilen fast Erleuchtungen, in denen man sich darüber klar wird, was man tun kann und wie die eigene Arbeit aussehen könnte. Das ist oft verbunden mit Sätzen, die man liest oder die einem jemand sagt. Ich habe immer gerne gehört, was Autoren über ihre Arbeit äußern.

*Das widerspricht aber dem Anfang Ihrer Ausführungen. Dort meinten Sie ...*

Ich weiß, was ich meinte. Warum darf ich mir nicht widersprechen? Das ist *meine* Vorlesung.

*Dann nennen Sie uns doch drei solcher Sätze, die für Sie hilfreich waren.*

Da wäre zum Beispiel ein kleiner Einführungsabsatz, den der späte Nabokov für eine sehr frühe Kurzgeschichte schrieb. Die Story spielt sich zur Gänze in einem Zimmer und zwischen zwei Gesprächspartnern ab. Die beiden reden viel, und um das Sprechen nicht zu einem gänzlich abstrakten dramatischen Dialog werden zu lassen – etwa so einem, wie wir ihn hier führen –, orchestriert Nabokov das Ganze mit kleinen, psychologisch vielsagenden Gesten. Eben das ist, nebenbei gesagt, immer eine sehr schwierige Übung: Schwächere Autoren führen eigens zu diesem Zweck Weingläser ein, an denen unablässig genippt, oder Zigaretten, an denen immer mal eben gezogen wird. Gestik gehört zu den schwersten Übungen beschreibender Prosa – und so wie im literarischen Dialog kein Satz gesagt werden darf, der nicht einen Konflikt verschärft oder die Handlung vorantreibt, so darf es auch keine Geste geben, die nicht dem Ausdruck einer Charaktereigenschaft dient. Nun, jedenfalls besteht eine dieser Gesten zu Beginn von Nabokovs Geschichte darin, daß ein Gesprächspartner aus Nervosität ein kleines Streichholz in zwei Stücke bricht. Ein paar Sätze später läßt er die Bruchstücke in ein leeres Glas fallen. Dann gibt es Wendungen der Geschichte, Gegenwendungen und weitere Wendungen, aber irgendwann gegen Ende schenken sich die beiden Wein ein und trinken. Der alte Nabokov, Jahrzehnte entfernt von dem allerdings bereits teuflisch begabten Anfänger, der das geschrieben hatte, bemerkt dazu: »Am Ende der Geschichte scheint jeder das Streichholz im Weinglas vergessen zu haben – etwas, das ich heute nicht mehr zulassen würde.«

*Ja und?*

Wie – ja und?!

*Das ist alles?*

Reicht das nicht? Für mich enthält dieser Satz eine der tiefgründigsten Erkenntnisse über das Prosaschreiben. Oder sogar mehrere davon. Erstens, Details sind nicht nur nicht egal, Details sind alles. Wenn solch eine Einzelheit nicht stimmt, hat die Geschichte als Ganzes einen Fehler; die Welt, die sie aufzubauen vorgibt, ist in sich nicht schlüssig. Und warum, das ist der entscheidende Punkt, ist Nabokov so sicher, daß ihm das nicht mehr passieren kann? Weil er später gelernt hat, die gesamte Szene zu *sehen*. Weil er sich später von seinen erfundenen Räumen und den Vorgängen darin ein so klares Bild zu machen lernte, daß er einfach bemerkt hätte, daß in dem Glas ja zwei Streichholzhälften lagen und kein Mensch, es sei denn im Zustand großer Verwirrung oder Geistesabwesenheit, Wein eingeschenkt hätte. Zu den vielen Dingen, die ich ihm hoch anrechne, gehört eben auch, daß er den kleinen Streichholzfehler nicht in der späteren Ausgabe eliminierte, sondern daß er ihn stehenließ und mit einem erklärenden Fingerzeig versah. Prosa hat mit Sätzen zu tun, erzählende Prosa aber immer auch mit Bildern. Ein ganz und gar bildloses Erzählen, das wäre selbst als radikales Experiment gar nicht vorstellbar. Es geht also darum, diese Bilder zu visualisieren. Wenn man sich beim Schreiben bemüht, alles immer zu sehen, jede Einzelheit, jede Bewegung, jede Geste, selbst jene, die man nicht beschreibt, dann geschehen gewisse Fehler nicht. Und seltsamerweise sind dann auch viel weniger Beschreibungen nötig, man kann im Visualisieren viel sparsamer sein, als es die so an Kleidung, Haartracht und Gesichtszügen interessierte Trivialliteratur ist, bei der es ja immer darum geht, die Beschreibung zunächst möglichst ausführlich zu erledigen, damit der Autor sich dann ungestört den Ereignissen widmen kann. Aber Ereignis und Aussehen sind eines, und wenn man eine Szene sieht, dann sieht sie auch der Leser. Paradox, aber wahr. Wäre ich pathetisch aufgelegt, würde ich nicht zögern, das einen magischen Akt zu nennen.

*Und zweitens?*

Bitte?

*Ich fragte Sie nach drei erhellenden Äußerungen über das Schreiben. Nabokovs Streichhölzer waren die erste.*

Ach ja, richtig, das hatte ich vergessen. Also, die zweite ...

*Sie haben meine Fragen geschrieben, es ist unmöglich, daß Sie das vergessen haben. Stellen Sie sich doch nicht so geziert an!*

Und ich habe Sie gebeten, postmoderne Metasprünge zu vermeiden. Also, die zweite ist ganz einfach. Das war ein Satz, den mein Lektor Thorsten Ahrend mir einst schrieb, um mir zu erklären, warum er ein gar nicht so kurzes Romanmanuskript von mir (das ich nie veröffentlicht habe) ziemlich mißlungen fand. Gute Literatur, sagte er da, müsse notwendig sein, sie müsse ein Element des Notwendigen haben.

*Das ist doch ein Gemeinplatz.*

Nicht unter diesen Umständen, nicht in diesem Moment, nicht für mich. Ich hatte gemeint, gute Literatur müsse bloß formal perfekt sein. Sie müsse bloß aus möglichst brillanten, tänzelnd überraschenden Sätzen bestehen. Aber natürlich reicht das nicht. Es muß immer ... nun ja, ein Element existentieller Wahrheit geben, eine Berührung mit den Grundtatsachen unseres Daseins. Sie muß etwas über uns als Menschen sagen und über mich als Menschen, als den Schreibenden.

*Aber Sie wollen doch nicht aus Ihrem Leben erzählen?*

Gott, nein. Das wäre viel zu langweilig.« »Nothing ever happens to a novelist«, sagt Martin Amis. Früher dachte ich noch, er meine das metaphorisch. Der Autor steckt nicht in der Geschichte, er steckt in der Atmosphäre, im Tonfall der Erzählstimme, in der inneren Haltung zu dem von ihm Wiedergegebenen, die doch immer und überall durchscheint. Aber eben hier muß es eine Berührung geben mit dem, was ihn wirklich betrifft und angeht. Nicht jeder kann von allem erzählen.

Und drittens, da möchte ich einen schönen Rat zitieren, den Norman Mailer in seinem unterschätzten und leider nie ins Deutsche übersetzten Buch über das Schreiben gibt: »The Spooky Art« – ein schöner Titel übrigens, die gruselige Kunst. Ein Schriftsteller, sagt er da, schließt einen Pakt mit seinem Unterbewußten ab. Du, so vereinbart er mit ihm, wirst jeden Tag aus deinen unergründlichen Tiefen irgendwelche Einfälle zutage fördern. Ich aber tue die eine Sache, die ich dazu tun kann, ich werde dasein. Ich werde täglich am Schreibtisch sein und auf dich warten.

*Und um den Autor an der Erfüllung dieses Paktes zu hindern, wurden die Goethe-Institute erfunden?*

Die Goethe-Institute sind eine wunderbare Einrichtung, die es dem deutschen Literaten ermöglicht, fremde Städte kennenzulernen und am anderen Ende der Welt vor einem erlesenen Publikum aus Düsseldorfern, Hannoveranern und Hamburgern seine Dichtung zum Vortrag zu bringen. Allerdings, das deutsche Literaturmilieu ist in ingeniösester Weise darauf ausgerichtet, Menschen von der Literaturproduktion abzuhalten.

*Was nicht in allen Fällen ein Unglück sein muß.*

Das haben Sie gesagt.

*Jetzt auf einmal! Aber schweifen wir nicht ab, bleiben wir bei der gruseligen Kunst. Wenn Sie sagen, Erzählen hat mit Bildern zu tun – ist das ein Plädoyer für den Realismus? Für jenes berühmte »realistische Erzählen«, von dem deutsche Kritiker mysteriöserweise glauben, es fände in den Vereinigten Staaten von Amerika statt?*

Ganz im Gegenteil. Je traumhafter die Bilder, desto besser. Das eben hat das Schreiben dem Film voraus: Es ist nicht gebunden an die physischen Wirklichkeiten unseres Daseins, bloß an die existentiellen. Die größte literarische Revolution der zweiten Hälfte des zwanzigsten Jahrhunderts, das waren die Erzähler Südamerikas, die an Kafka anknüpften und die Grenzen zwischen Tages- und Nachtwirklichkeit, zwischen Wachen und Traum durchlässig machten. Romane als große Träume, in denen alles möglich ist. So entstanden die funkelnden Meisterwerke dieses Kontinents: »Hundert Jahre Einsamkeit«, »Fiktionen«, »Das Reich von dieser Welt«, »Pedro Paramo«, auch Bolanos »Die wilden Detektive« gehören wohl noch dazu. Hierorts wollte man davon nicht viel wissen, knüpfte an den Dadaismus der Vorkriegszeit an, zog den Humor ab und nannte es ein Experiment. Lautpoesie und soziales Engagement – die zwei bedrückenden Eckpfeiler des radikalen Realismus. Selbst der eine große Magier unserer Literatur, der Autor der »Blechtrommel«, wurde als engagierter Didakt gelesen. Und was das knapp minimalistische Erzählen, den Realismus der Hemingway-Carver-Schule, angeht – denn Carver ist ein Erbe Hemingways, der dessen Technik aus dem Urwald und dem Krieg holte und heimbrachte ins Privatleben der Vorstädte –, so finden Sie das eher am Leipziger Literaturinstitut als irgendwo in den USA.

*Die Experimente, die Sie interessieren, haben also mit dem Realismus beziehungsweise dessen Abwesenheit zu tun?*

Ich fand Literatur immer am faszinierendsten, wenn sie nicht die Regeln der Syntax bricht, sondern die der Wirklichkeit. Das habe auch ich immer versucht, und ich war immer wieder überrascht davon, wie stark die inneren Widerstände vieler deutscher Kunstverständiger dagegen sind. Man könnte daran wohl Mentalitätsbeobachtungen knüpfen; ich glaube, nirgendwo ist die Literatur, aber nirgendwo auch das Lebensgefühl so fest verankert in gutbürgerlich unzerstörbarer Wirklichkeit. García Márquez sagt in einem Gesprächsbuch, daß man als Kolumbianer ganz von selbst zum Surrealisten wird, weil die einen umgebende *Welt* so unwirklich ist. So gesehen, sind wir hier wohl das andere Extrem. Hier ist das Wirkliche so geordnet, daß wir in Planquadraten träumen.

*Sie sind wohl lange nicht mit der Deutschen Bahn gefahren.*

O ja, danke für das Stichwort. Könnte ich ein paar Dinge zur Deutschen Bahn sagen?

*Nicht hier, nicht jetzt.*

Ich würde viel lieber Vorlesungen über die Deutsche Bahn halten als übers Schreiben. Neulich, hier in Göttingen war das sogar, da stand ich am Bahnhof, und wegen Bauarbeiten war ein Zug ausgefallen. Nun hatte die Bahn aber am selben Tag noch Reservierungen entgegengenommen für einen Zug, von dem sie seit drei Wochen wußte, daß er nicht fahren würde. Der Mann am Schalter sagte mir, sehr unfreundlich übrigens, daß es eine Ersatzverbindung gebe. Die gab es nicht. Als Folge davon standen plötzlich etwa vierhundert Menschen völlig verloren da und wußten nicht …

*Bitte, hören Sie auf. Das interessiert keinen.*

Ich würde es aber gerne loswerden. Niemand reist soviel wie Handelsvertreter und deutsche Schriftsteller. Wenn ich bezeuge, daß selbst in Polen und Rußland, wo ich schon unterwegs war, die Bahn besser funktioniert ...

*... dann machen Sie sich nur unbeliebt, und es interessiert immer noch keinen. Wir waren beim Realismus.*

Ja, eben.

*Um Gottes Christi Barmherzigkeit, ich flehe Sie an, hören Sie mit der Bahn auf!*

Gut, gut. Also, in meinen Romanen ging es mir immer um das Spiel mit Wirklichkeit, das Brechen von Wirklichkeit. Und, ich sage das jetzt ganz offen, es gehörte zu meinen bedrückendsten Erlebnissen als Schriftsteller, daß so etwas in Deutschland einfach nicht verstanden wird. In meinem ersten Roman etwa liegt der Held am Ende des ersten Drittels in seinem Bett und beginnt allmählich zu träumen. Darf ich die Passage zitieren?

> »Ich versuchte, mir ein Kloster vorzustellen: Hohe Mauern, Kreuzgänge, ein alter Brunnen, ein Gemüsegarten. Das Gebäude, das meine Phantasie in aller Eile errichtete, war ein wenig unscharf und enthielt Versatzstücke aus der *Ecole Internationale* und dem Haus Beerholms. Trotzdem, mir gefiel es. Und ich fühlte, wie ich schon ruhiger wurde und wie sich langsam, wie Wasser in einem überschwemmten Keller, in mir der Schlaf ausbreitete. Ich ging auf das Kloster zu, öffnete das große Portal – es ging ganz leicht – und trat ein. Ein verschatteter Steingang, eine alte Treppe

mit ausgetretenen Stufen. Ich begann hinaufzusteigen. Noch ein Gang, Lichtstrahlen fallen schräg ein und durchschneiden den Raum in der Diagonalen; unwillkürlich zieht man den Kopf ein, um nicht anzustoßen. Ein paar Leute gehen an mir vorbei, aber ich mache mir nicht die Mühe, ihnen Körper und Gesicht zu geben. Ich achte auf meine Schritte, mit einiger Anstrengung gelingt es mir, ihr hallendes Geräusch zu hören, eigenartig in der Stille. Und dort ist eine Tür. Ich bleibe stehen und trete näher heran. Ach ja, hier werde ich hineingehen. Ein leeres Messingschild hängt in Augenhöhe – jetzt muß ein Name her. Etwas Originelles, vielleicht Lateinisches …? Oder lieber etwas Einfaches: Weber, Schuster … – nein, wenn schon ein Handwerkername, dann: Fassbinder. Sehr gut, das klingt einfach und zugleich irgendwie passend. Ich konzentriere mich auf das Schild, und dort, zuerst nur als grauer Schatten, dann immer deutlicher, tauchen Buchstaben auf: *Pater Fassbinder*. Jetzt kann ich wohl hinein. Ich klopfe. Nichts. Unsinn, es muß jemand da sein; ich will es so. Ich klopfe wieder. Und jetzt höre ich sie: Eine Stimme, die etwas sagt. Wahrscheinlich ›Herein!‹ Ich drücke auf die Klinke, die Tür springt auf. Ich trete ein.

Es war ein großes, praktisch eingerichtetes Arbeitszimmer. Büchergestelle, Stühle, ein Tisch mit einer mechanischen Schreibmaschine darauf. Dahinter saß ein Mann. Er mußte etwas über fünfzig sein und war mittelgroß, dicklich, hatte graue Haare, eine scharfgezeichnete Nase, volle Wangen, breite Augenbrauen. Er trug einen schwarzen Anzug mit weißem Kragen, und an seinem Revers blitzte ein dünnes silbernes Kreuz. Er saß mit gesenktem Kopf da; als ich hereinkam, sah er nicht auf. Ich blieb verwirrt stehen.

›Kommen Sie näher!‹, sagte er. ›Setzen Sie sich!‹«

Hier sollte nicht nur der Held verwirrt stehenbleiben, auch der Leser. So hoffte ich. Der Protagonist erträumt sich eine Figur, er – immerhin trägt der Roman das im Titel – stellt sie sich vor. Er malt sie sich aus, so wie ich sie mir beim Schreiben ausmalte, und holt sie imaginierend in die Wirklichkeit des Buches. Ohne daß der Traum enden würde, ist Pater Fassbinder von diesem Moment an eine handelnde Figur, ein Teil der Geschichte. Man könnte vermuten, daß alles, was von da an geschieht, noch Teil des Traumes ist. Man könnte auch vermuten, daß der ja ohnehin nicht besonders verläßliche erzählende Protagonist durch solche Tricks und Wendungen seinen Bericht einer illusionistischen Show, einer Bühnenvorstellung, ähnlich machen möchte. Oder man könnte vermuten, daß der Autor eben diese Unsicherheit erzeugen möchte, daß er den Leser innehalten lassen will wie Beerholm auf der Türschwelle. Ich wurde von Lesern oft auf diese Passage angesprochen, die Rezensenten aber nannten das Buch, durchaus lobend, einen realistisch erzählten Roman. Sie hatten es einfach überlesen.

*Das kann doch passieren. Dann haben Sie es eben nicht klar genug dargestellt. Der Fehler liegt in jedem Fall bei Ihnen. Herrje, Sie können doch nicht ernsthaft behaupten, daß Ihre Wendungen zu subtil seien für die Intelligenz der Rezensenten.*

Zu subtil wohl nicht. Einige Jahre später veröffentlichte ich die Novelle »Der fernste Ort«. Am Anfang steigt der Held ins Wasser, schwimmt hinaus, gerät in eine ungünstige Strömung und geht unter. Er ertrinkt beinahe, zurück am Ufer, entschließt er sich, den Unfall, den er gerade fast gehabt hätte, vorzutäuschen, und als scheinbar Toter aus seinem Leben zu entfliehen. Er läßt seine Kleidung liegen und macht sich davon. Von diesem Moment an aber wird die Geschichte immer seltsamer. Ereignisse aus seiner Kindheit wiederholen sich, nur leicht verändert, vor seinen Augen. Er besucht seinen Vater im Krankenhaus, wenige Seiten später erfährt man, daß sein Vater schon lange tot ist. Als es darum geht, sich einen falschen Paß zu besorgen, betritt er das nächstbeste seltsame Nachtlokal, wird dort empfangen und wie ein alter Bekannter in einen Keller geführt, da sitzt sein Vorgesetzter aus der Arbeit und übergibt ihm seinen fertigen neuen Paß. Auch tauchen immer wieder eigentümliche Unterwasserbilder vor seinen Augen auf: Fische, Schlingpflanzen, wogendes Seegras. Kurz, es ist von fast schon aufdringlicher Eindeutigkeit, daß er eigentlich untergegangen ist und die ganze Geschichte sich in seinem Kopf, in den wenigen Momenten der Agonie abspielt.

*Die Idee war aber schon vor Ihnen da.*

Aber ja, eine Variation auf ein altbekanntes Thema. Nun dachte ich, daß es dem Leser Vergnügen bereiten könnte, wenn diese Entwicklung der Geschichte ihn überrascht. Und traf die folgenreiche Entscheidung, daß nichts von dieser widerrealistischen Wendung im Klappentext angedeutet sein sollte. Gemeinsam mit meinem Lektor schrieb ich also in die Verlagsvorschau, daß das Buch von einem jungen Mann handle, der einen Unfall übersteht und ein neues Leben beginnt. Einen Aussteigerthriller also. Dann erschien das Buch. Alle Leser, die ich kenne, verstanden es sofort. Meine Großmutter verstand es. Mein Onkel, der in Bad Godesberg eine Kneipe besitzt, verstand es. Meine russische Übersetzerin rügte mich, daß die Hinweise etwas holzhammerhaft daherkämen.

*Verzeihen Sie, wenn ich gähne. Aber mich erinnert das ein wenig an Ihre Tirade über die Deutsche Bahn.*

Ich beschwere mich doch nicht! Oder doch, ja, ich beschwere mich, aber die Erfahrung scheint mir mitteilenswert. Ich bekam nur gute Kritiken für dieses Buch. Ausschließlich. Aber zwei Drittel der hauptberuflichen Beurteiler hielten es für den realistischen Roman, als den es sich durch seinen Klappentext maskierte. Ein Buch, in dem ein Vater einmal tot ist und danach wieder am Leben und in dem man sich innerhalb von fünf Minuten einen gefälschten Paß besorgen kann. Ganz ehrlich: Mich störte nicht, daß sie es nicht verstanden. Mich störte, daß sie es nicht verstanden und das Buch lobten. Denn, bitte, wofür? Und mich stört, daß ein Klappentext offenbar die Rezeption durch die angeblichen Profis so eisern bestimmt, daß keine ihm zuwiderlaufende Überraschung mehr möglich ist.

*Also wenn Lob Sie stört, kann ich Sie beruhigen. Dem läßt sich Abhilfe schaffen.*

Jedenfalls war es wohl auch dieses Erlebnis, das mich auf die Idee brachte, eine Kritikersatire zu schreiben. Ein Buch darüber, wie man eigentlich zum hauptberuflichen Kunstbeurteiler werden kann, ohne eine Ahnung von Kunst zu haben und ohne imstande zu sein, selbst die einfachsten kompositorisch-motivischen Zusammenhänge eines Werkes nachzuvollziehen. Ich sehe »Ich und Kaminski« übrigens eher als ein Theaterstück in Verkleidung eines Romans. Das Buch ist sehr szenisch, und von den ausführlich beschriebenen Kunstwerken des alten Malers abgesehen, besteht es vorwiegend aus Dialogen.

*Diese Kunstwerke beschreiben Sie ja sehr genau. Wozu eigentlich?*

Gebrochener Realismus auch das. Erstens fand ich es trivial, einfach eine Figur als großen Maler einzuführen und vom Leser zu verlangen, daß er das akzeptiert. Sie kennen diese

Einstellung aus Fernsehserien: Ein Malergenie steht vor seiner Staffelei und arbeitet, nur ist der Kamerastandort immer gerade so, daß man nicht sieht, was da auf der Leinwand ist. Das ist eine künstliche Beschränkung des Blicks, die man sofort als Schwäche des Werks, als Signal der Trivialität empfindet. Natürlich kann das visuelle Medium nicht eben mal so künstlerisch bedeutende Bilder hinstellen, denn wenn der Requisiteur sie produzieren könnte, wäre er nicht Requisiteur geworden, sondern hätte Ausstellungen in Pariser Galerien. Aber der Roman kann es natürlich. Deswegen, nebenbei gesagt, eignet er sich auch besser fürs Historische als der Film. Dieser, in der Totalität seines Blickes, ist dazu verdammt, Tausende kleine Fehler zu machen. Prosa aber kann aussparen und hat ebendarum, paradoxerweise, die Möglichkeit, sachlich fehlerlos zu sein. Die Werke Kaminskis habe ich dann möglichst exakt in die Kunstgeschichte des zwanzigsten Jahrhunderts einzuordnen versucht, in genau dem Tonfall und mit den Querverweisen, die ich auch verwenden würde, wenn es sie gegeben hätte. Es sind nur ein paar Seiten, aber für die mußte ich sehr, sehr viel lesen. Das führte übrigens dazu, daß ich oft gefragt wurde, wo man denn diese Bilder sehen könne. Wenn ich sagte, nirgendwo, kam die Gegenfrage, wie ich sie denn dann hätte beschreiben können und wie ich zum Beispiel zu den Sätzen gekommen wäre, die im Buch als Picasso- oder Matisse-Zitate über Kaminskis Werk ausgegeben werden. So etwas könne man doch nicht einfach erfinden! Wenn ich dann sagte, daß das Gesamtwerk von Borges voll sei von ebensolchen Machinationen, kam erstaunlich häufig die Gegenfrage: Borchert? Der von »Draußen vor der Tür«?

*Also zusammengefaßt, Sie meinen, daß in der deutschen Nachkriegsliteratur ein paar Dinge grundlegend schiefgegangen sind?*

Ich meine, daß sie sich nie davon erholt hat, daß »der beste Jahrgang deutscher Reben«, wie es bei Walter Mehring heißt, »vor der Ernte ums Leben« kam. Die Dinge waren schon einmal besser. Neulich hat mir eine französische Lektorin erzählt, daß es in zahlreichen Redaktionen ihres Landes Literaturkenner gebe, die sich weigern, ein zeitgenössisches deutsches Buch auch nur aufzuschlagen. Vielleicht sind die alle dumm und ahnungslos. Ich weiß es wirklich nicht. Vielleicht haben drei Viertel der Leser auf der Welt ja keine Ahnung von Literatur.

*Wie steht es denn mit dem gebrochenen Realismus in der »Vermessung der Welt«?*

Ich dachte, von der wollen wir beim nächsten Mal reden. Es ist ein gebrochener Realismus der Gattung. Das Buch gibt sich als ernsthaftes Geschichtswerk und ist das Gegenteil davon. Das ist nicht bloß eine Ironie des Tones, sondern eine der Haltung. Und außerdem gibt es darin magischen Realismus in Überfülle: Humboldt ist umgeben von Gespenstern und Monstern, die er nach Kräften ignoriert. Zweimal erscheint ihm der Geist seiner Mutter. Einmal trifft er ein veritables Seeungeheuer. Und in einer fiebrigen Passage sehen er und Bonpland in der Nachmittagshitze über dem Orinoko ein Ufo. Außerdem findet zwischen Humboldt und Gauß ständig eine Gedankenübertragung statt, von der sie beide nichts wissen, die nur der Leser bemerkt. Zwischen ihrer beider Leben läuft wie auf einem Webstuhl das Schiffchen mit den Motivfäden hin und her.

*Bücher bestehen aus Motiven – wie Musik?*

Wie Musik. Aus deren Einführung und Variation, deren Abwandlung und Wiederholung und aus dem Vergnügen, sie selbst in transponierter und fast unkenntlicher Gestalt noch auszumachen und wiederzuerkennen. Hierin liegt, wenn überhaupt, die Parallele zwischen Prosa und Musik. Sätze sind Sätze, sie können nicht musikalisch sein, sooft man dieses Klischee auch bemühen mag. Selbst bei Hölderlin oder Rilke nicht. Ihre Gedichte sind wohlklingend wie nichts anderes in unserer Sprache. Aber musikalisch? Nein, Sprache ist keine Musik.

*Nun muß ich aber doch zur Frage am Anfang zurückkommen. Da wollten Sie mir nicht sagen, warum Sie schreiben. Ehrlich gesagt, nach allem, was Sie nun erzählt haben, habe ich immer noch keine Ahnung. Sie wollten das doch vermutlich immer schon machen?*

Das gebe ich zu.

*Aber warum? Nur aus Geldgier und Geltungssucht?*

Ich würde die Reihenfolge umdrehen. Kann ich noch etwas über die Deutsche Bahn sagen?

*Ich denke, das ist der Moment, an dem ich mich für das Gespräch bedanke …*

So plötzlich? Ich würde das schon gerne erzählen. Das war neulich in Dessau. Da gibt es zwei Fahrscheinautomaten, von denen sind zwei defekt. Ein Schalter ist offen. Vor dem stehen siebzig Leute. Ohne Übertreibung: siebzig. Ich habe gezählt. Ich hatte noch zwanzig Minuten vor der Abfahrt des Zuges. Es war klar, die Zeit würde nicht reichen. Glauben Sie, irgend jemand wüßte, was man in so einer Lage tut? Glauben Sie, es gibt weit und breit einen Angestellten, der hilft?

*Haben Sie vielen Dank für die Ausführungen. Und Ihnen allen vielen Dank für Ihre Aufmerksamkeit.*

Moment! Ich habe dann nämlich doch einen Automaten gefunden. Der hat aber meine Kreditkarte abgelehnt!

*Und morgen geht es weiter. Gute Nacht, kommen Sie gut nach Hause.*

Heute soll es um meinen letzten Roman gehen, ums Historische und Ahistorische, um die Kunst der Recherche und die Recherche zur Kunst, und auch von deutscher Klassik wird das eine oder andere Mal die Rede sein. Für die, die gestern nicht dabei waren: Ich habe mir das Leben erleichtert durch die Einführung eines Befragers und so den Monolog mit seiner unausweichlichen Anmutung von Selbstgerechtigkeit in ein Gespräch verwandelt. Der Trick ist nicht ganz neu, er stammt von Platon und wurde seither auch das eine oder andere Mal verwendet, aber in diesem Fall schien er mir um so angebrachter, als das Dasein des deutschen Schriftstellers heute einer ständigen Befragung gleicht, bei der alle Welt ständig etwas von ihm zu wissen wünscht, als wüßte er selbst etwas, und dabei wird man doch Schriftsteller, weil man eigentlich gar nichts weiß. Also bitte ich meinen Gesprächspartner aufs Podium, und in diesem Sinn ...

*Und in diesem Sinn meine erste Frage. Es ist die, die Ihnen vermutlich bei diesem Buch ständig gestellt wird. Haben Sie viel recherchiert – und wie?*

Tatsächlich, sie wird oft gestellt. Sie erinnert mich ein wenig an die Frage, die Schauspieler am öftesten zu hören bekommen. Denn die lautet ja nicht: Wie machen Sie es, daß Jago so abgrundtief böse wirkt, oder, wie haben Sie Desdemona diesmal angelegt? Sondern: Fällt es Ihnen schwer, all diesen Text zu lernen? Die Armen stottern dann meistens, etwas beschämt und ein wenig befremdet, vor sich hin, weil sie die eigentlich einzig richtige Antwort nicht geben mögen. Die lautet nämlich: Ja, manchmal mehr, manchmal weniger, aber wenn man das nicht könnte, hätte man sich einen anderen Beruf suchen müssen, es ist eine Äußerlichkeit, und das Wesentliche beginnt erst, wenn solche Dinge erledigt sind. Textlernen ist schwer, Recherchieren ist mühsam, aber viel mehr läßt sich darüber auch nicht sagen.

*Sie haben von zwei historischen Personen erzählt. Sie haben diesen beiden Dinge angedichtet und anerfunden. Finden Sie das moralisch völlig unproblematisch?*

So unproblematisch, wie Kunst eben sein kann. Wirklich anständig ist sie nämlich nie. Ein Künstler ist nicht vollkommen, nicht ganz und gar respektabel. Aber es ist seit alters her eine Domäne der Literatur, ihre eigenen Versionen historischer Personen nachzuerschaffen. Man kann es sich natürlich leichtmachen wie Heiner Müller und sagen, alles Geschichtliche ist Material. Aber so einfach ist es nicht. Natürlich ist Schillers Wallenstein nicht der historische Wallenstein, aber er ist auch nicht irgendeine Figur, die mit Wallenstein nichts außer dem Namen gemeinsam hat. Willy Brandt und Günter Guillaume in Michael Frayns Stück »Demokratie« sind natürlich nicht einfach der historische Brandt und der historische Guillaume, aber sie sind auch nicht zwei frei erfundene Phantasiegestalten. Der historische Mensch selbst ist gewissermaßen ein Magnet, und um ihn herum ist ein Feld, in dem man sich erfindend bewegt. Kommt man der ursprünglichen Gestalt zu nahe, dann schreibt man einfach eine Biographie, und das ist nicht der Sinn der Sache. Entfernt man sich aber so weit, daß die Kraft ihres Feldes nicht mehr spürbar ist, so hat man das künstlerische Recht verloren, diese Namen zu verwenden, und man unternimmt etwas ganz Sinnloses.

*Sie machen sich also ein Bild, und dann erfinden Sie, um dieses Bild zu stützen?*

So kann man es ausdrücken.

*Ist das denn seriös?*

Im Journalismus wäre es eine Todsünde. In der Literatur ist es nicht nur erlaubt, sondern notwendig.

*Und ist der Unterschied zwischen Literatur und Journalismus immer so klar und eindeutig?*

Der Hauptunterschied ist schon einmal, daß auf einem Roman das Wort »Roman« steht. Mithin, daß schon vor dem ersten Wort ein Pakt zwischen Erzähler und Leser geschlossen wird, der besagt, daß der Leser alles hinnehmen und nichts glauben wird. »Suspension of disbelief« nannte das Coleridge.

*Wer also Ihren Roman liest, um zu erfahren, wie es gewesen ist ...*

Dem muß ich abraten. Selbst wenn es zufällig so gewesen sein sollte, wie ich es schildere – was ich, unter uns gesagt, durchaus für möglich halte –, so wäre er trotzdem nicht im landläufigen Sinn »zutreffend«.

*Wären Ihre Figuren noch am Leben, all diese Argumente würden Ihnen nichts nützen. Sie würden verklagt werden, und Sie würden verlieren.*

Mit Sicherheit.

*Warum dürfen Sie also mit Gauß tun, was Sie mit Jürgen Habermas nicht tun dürften?*

Darüber habe ich lange nachgedacht. Man hat unwillkürlich das Gefühl, daß es hier einen fundamentalen Unterschied gibt, und ich meine, dieses Gefühl täuscht nicht. Aber worin liegt er? Ich denke, es ist die Zeit. Persönlichkeitsrechte werden von der vergehenden Zeit getilgt. Nicht nur in juridischer, auch in moralischer Hinsicht. Es hat mit der Natur des Nachruhms zu tun: Wessen Name so lange überlebt, daß seine Leistungen mit solcher Klarheit hervortreten, der ist offenbar all den Erwägungen enthoben, daß man ihn schützen müsse vor der schwärzenden Kraft der Erfindung. Oder anders gesagt: Man billigt ihm nicht mehr das Recht auf Egoismus zu, auf Eitelkeit. Oder, wieder anders gesehen: Man hat sich mit dem Umstand abgefunden, daß er tot ist. Ganz und gar und vollkommen tot. Unserer Welt und ihrem Spott entrückt.

*Und wie lange muß einer gestorben sein, damit er in diese Lage kommt?*

Schwierige Frage. Vermutlich verlängert sich diese Zeitspanne parallel zu unserer wachsenden Lebenserwartung. Aber ich möchte hier keine Zahl nennen. Prüfen Sie Ihr Gefühl. Mit Einstein läßt sich wenig anstellen, ohne daß man es als problematisch empfände. Mit Humboldt deutlich mehr. Mit Cicero alles.

*Es hängt vielleicht auch mit der Größe eines Namens, einer Figur zusammen. Je berühmter einer ist, desto geringer die Gefahr, daß eine Erfindung bildbestimmend wird. Nun ist aber gerade das mit Ihnen und Gauß passiert. So mancher denkt jetzt, Gauß war wirklich so, wie er bei Ihnen ist.*

Und ein wenig, ich gebe es zu, bekümmert mich das. Das ist eben die durch nichts gerechtfertigte Bildmacht des Spätergeborenen. Auf Seite 9 meines Romans sagt er es selbst:

»Seltsam sei es und ungerecht, so recht ein Beispiel für die erbärmliche Zufälligkeit der Existenz, daß man in einer bestimmten Zeit geboren und ihr verhaftet sei, ob man wolle oder nicht. Es verschaffe einem einen unziemlichen Vorteil vor der Vergangenheit und mache einen zum Clown der Zukunft.«

*Moment bitte – wer sagt das?*

Gauß.

*Gauß hat das nie gesagt.*

Natürlich nicht. Mein Gauß sagt es. Die literarische Figur!

*Sie haben gerade die Vertauschung unternommen, vor der Sie sich mit dem Zitat verwahren zu wollen vorgeben. Zeigt das nicht, daß die Sache etwas komplizierter ist?*

Alle Dinge sind komplizierter, als man es gern hätte. Darf ich Sie bitten, mich nicht in die Enge zu treiben? Was ist denn das für eine Art, Sie sind doch meine Erfindung.

*Ich hab's nicht vergessen.*

Wir haben doch bei der Frage nach den Recherchen begonnen. Also, das war alles nicht so wild. Humboldts Reisen sind erstklassig aufgearbeitet. Natürlich habe ich die drei Bände seines Reiseberichtes, der übrigens den bestsellerträchtigen Titel »Relation historique du Voyage aux régions équinoxiales du Nouveau Continent« trägt und schon zur Zeit seines Erscheinens als bestürzend langweiliges Buch über eine atemberaubend spannende Reise galt, so genau wie möglich gelesen, mit dem Bleistift in der Hand, Notizen machend, genau wie Sie es sich vorstellen. Aber das Schöne ist: Die ganze Reise ist wissenschaftlich erschlossen. Es gibt erstklassige Bücher, die sie Station für Station zusammenfassen und aufzählen, was er an jedem Ort getan hat, was entdeckt, was katalogisiert, was er also geleistet hat und was Bonpland zugestoßen ist. Der Arme war tatsächlich dauernd krank, ihm wurden Zähne ausgeschlagen, alle Mißgeschicke, denen Humboldt durch Disziplin und Glück entging, trafen ihn mit voller Wucht. Und was Gauß angeht, so gibt es vor allem die Briefe, aus denen einem sofort ein komplexer, vielgestaltiger, nachvollziehbarer Mensch entgegentritt. Das ist um so erstaunlicher, als einem das bei Humboldt nie passiert. Er bleibt sehr fern und fremd. Im Fall von Gauß war mir nur eines fern, und das war seine Mathematik. Dafür mußte ich wirklich manches nachlernen. Der Teil der Arbeit war schrecklich, und auf den bin ich wirklich stolz. Es gibt übrigens eine für meine Zwecke hervorragende Gauß-Lebensgeschichte des Mathematikers Walter K. Bühler. Als Biographie ist sie entsetzlich: Eine sture Aneinanderreihung von Fakten, ohne Verbindung, ohne erzählerischen Bogen, aus der nie ein Gesamtbild entsteht. Für meine Zwecke natürlich ideal. Erzählen wollte ich ja selbst.

*Welche Fragen stellt man Ihnen am öftesten?*

Es sind vier. Die mit Abstand häufigste: *Wie sind Sie auf die Idee gekommen?* Zweitens: *Was stimmt denn nun eigentlich?* Drittens: *Haben Sie eigentlich recherchiert?* Beachten Sie – nicht, haben Sie viel, sondern haben Sie überhaupt. Viertens: *Warum gerade Humboldt und Gauß?*

*Möchten Sie eine davon noch mal beantworten?*

Um keinen Preis. Nicht für viel Geld. Nein, nein und dreimal nein. Nein!

*Dann lieber folgendes: Humboldt ist doch Schriftsteller. Hat er Ihnen eigentlich bei der Arbeit geholfen?*

Ohne ihn hätte ich es nicht machen können. Humboldt ist – vor allem, wenn er Deutsch schreibt, sein Französisch ist viel blasser – einer der größten Prosaautoren überhaupt; oder vielmehr, er könnte es sein, wenn er sich dazu überwinden könnte, jede gelungene Passage nicht unter Unmengen von Meßdaten zu ersticken. Darf ich einen Absatz aus den »Ansichten der Natur« vorlesen? Das ist aus dem Kapitel »Über die Steppen und Wüsten«.

»Aus der üppigen Fülle des organischen Lebens tritt der Wanderer betroffen an den öden Rand einer baumlosen, pflanzenarmen Wüste. Kein Hügel, keine Klippe erhebt sich inselförmig in dem unermeßlichen Raume. Nur hier und dort liegen gebrochene Flözschichten von zweihundert Quadratmeilen Oberfläche bemerkbar höher als die angrenzenden Teile. Bänke nennen die Eingebornen diese Erscheinung, gleichsam ahndungsvoll durch die Sprache den alten Zustand der Dinge bezeichnend, da jene Erhöhungen Untiefen, die Steppen selbst aber der Boden eines großen Mittelmeeres waren.

Noch gegenwärtig ruft oft nächtliche Täuschung diese Bilder der Vorzeit zurück. Wenn im raschen Aufsteigen und Niedersinken die leitenden Gestirne den Saum der Ebene erleuchten oder wenn sie zitternd ihr Bild verdoppeln in der untern Schicht der wogenden Dünste, glaubt man den küstenlosen Ozean vor sich zu sehen. Wie dieser erfüllt die Steppe das Gemüt mit dem Gefühl der Unendlichkeit und durch dies Gefühl, wie den sinnlichen Eindrücken des Raumes sich entwindend, mit geistigen Anregungen höherer Ordnung. Aber freundlich zugleich ist der Anblick des klaren Meeresspiegels, in welchem die leichtbewegliche, sanft aufschäumende Welle sich kräuselt; tot und starr liegt die Steppe hingestreckt wie die nackte Felsrinde eines verödeten Planeten.«

*Das kann Goethe nicht besser.*

Aber es sind Momente, immer nur Momente, weil er sich nicht entscheiden kann, ob er Wissenschafter sein möchte oder beschreibender Literat. Man könnte nun sagen, das schließt sich ja nicht aus – aber zu den wenigen Dingen, die nicht poesiefähig sind, gehört das Meßergebnis. Listen von Meßergebnissen, da hilft nichts, sind das Unliterarische schlechthin. Und Humboldt liebt nun einmal Meßergebnisse. Wenn man ihn liest, kann man sich tatsächlich des Gefühls nicht erwehren, daß sie ihm ein Gefühl von Sicherheit gaben.

*Sie haben Humboldt an Orte geschickt, die er selbst beschrieben hat. Haben Sie da seine Prosa übernommen?*

Niemals. Das war eine Spielregel, die ich mir selbst vorgeschrieben hatte. Der Roman sollte von mir sein und auf keinen Fall ein postmodernes Gemisch, in das auch Texte anderer einmontiert sind. Humboldts Landschaftsbeschreibungen waren unendlich hilfreich für mich, weil ich mir mit ihrer Hilfe ein klares Bild von all den Orten machen konnte, an denen er gewesen war. Humboldt kann einem wirklich beibringen, was Natur ist und wie sie sich anfühlt. Wie eine Form der Landschaft in eine andere übergeht, wie das Klima die Flora formt, welch unterschiedliche Farben die Luft haben kann. Ja, Farben der Luft. Das war mir nie aufgefallen zuvor, das habe ich von Humboldt gelernt. Ich habe mir also mit seiner Hilfe ein Bild von den Orten gemacht, und dann habe ich sie mit meinen eigenen Worten beschrieben, nie mit seinen. So waren die Regeln, daran habe ich mich gehalten.

*Gab es noch andere Regeln?*

Ich glaube nicht an Regeln beim Schreiben. Es gab nur mein eigenes Gefühl von innerer Richtigkeit, künstlerischer und historischer. Manchmal mußte ich mit diesem Gefühl längere Gespräche und Diskussionen ausfechten. Darf ich das noch, habe ich mich dann gefragt, ist das noch erlaubt und legitim?

*Sie meinen etwa, Gauß in seiner Hochzeitsnacht?*

Ach, das finde ich harmlos. Ja, es ist eine Verletzung seiner Intimsphäre, aber Literatur ist nun mal zudringlich. Wirklich gezögert habe ich bei dem Selbstmordversuch, den ich ihm zuschreibe. Das ist doch eine recht gravierende existentielle Unterstellung. Viel mehr als ein coitus interruptus aus wissenschaftlichen Gründen.

*Ein untauglicher Selbstmordversuch allerdings.*

Das kommt aber erst hundertdreißig Seiten später heraus. Der junge Gauß möchte Curare trinken, aus einer Flasche übrigens, die Humboldt selbst ein paar Jahre vorher aus Südamerika herübergesandt hat. Er fühlt sich an der Schwelle des Todes und entscheidet sich dann dagegen. Erst viel, viel später erzählt ihm Humboldt, daß man Curare problemlos trinken kann, daß man es in eine Wunde träufeln muß, damit es tötet. Nur ein aufmerksamer Leser erinnert sich und versteht, warum Gauß in diesem Moment so verblüfft ist.

*Derselbe aufmerksame Leser, der versteht, warum im Kapitel »Der Garten« der Graf von der Ohe zur Ohe an Gauß die Frage richtet, ob er nicht eine Beschwerde hätte vorbringen wollen.*

Derselbe, ja. Man hat ja ein paarmal gesagt, daß es in der »Vermessung der Welt« zu wenig Metaphysik gebe. Ich fürchte eher, es gibt zuviel davon. Das Kapitel »Der Garten« ist eine Kafka-Umkehrung. Der Landvermesser – dieses Wort fällt übrigens nie, es ist immer vom Geodäten die Rede – kommt zum Herrenhaus und wird abgewiesen. Nun, aber das ist ein Vermesser von anderem Kaliber als der, den wir kennen. Dieser setzt sich sofort und mit solchem Nachdruck durch, daß man ihn praktisch augenblicklich vorläßt. Er läßt den Grafen sogar aus dem Bett holen, einfach so, weil ihm danach ist.

*Und der Graf ist ...*

Erstens, die einzige Person im Roman, die Gauß intellektuell überlegen ist. Zweitens: Ja, manches deutet darauf hin, daß er der ist, an den Gauß so lange schon einige Fragen richten wollte. Ihm wird die Audienz gewährt, die Menschen normalerweise nicht gewährt wird. Die Audienz, die er sich so lange schon gewünscht hat. Aber wie das Leben so spielt, er bemerkt es nicht.

*Und der tropische Garten?*

Ist erstens wieder eine Verbindung zu Humboldt, zweitens ein Element der Kafka-Umkehrung. Kafkas Räume sind Interieurs, stickig, staubig und mit niedrigen Decken. Was ist weiter davon entfernt? An freier Luft zu stehen, in einem Garten, und dann noch in einem wuchernden, wilden, tropischen.

*Der, aus dem Adam damals vertrieben wurde?*

Das wird mir zuviel, zu germanistisch. Nein, einfach ein Garten. Und der alte Mann ist einfach ein Graf, der zufällig in einem Brief des Landvermessers Gauß Erwähnung findet.

Man habe ihn da schlecht behandelt, schreibt Gauß, habe ihn in einem dreckigen Raum ohne Toilette einquartiert. Der Rest ist Erfindung, Ausschmückung – Spiel.

*Das interessiert mich natürlich. Dieses Verhältnis von Realität und Erfindung. Danach werden Sie natürlich oft gefragt ...*

Und am liebsten hätten die Fragenden dann Prozentangaben. Siebenvierzig Komma drei Prozent Wahrheit, der Rest reine Erfindung. Natürlich kann man es so nicht aufschlüsseln. In dem Moment, in dem auf einem Buch das Wort »Roman« steht, ist alles Erfindung, auch wenn dies oder das zufällig stimmt. Nebenbei gesagt, es gab da in der Historie einige Ereignisse, die so unwahrscheinlich waren, daß ich sie nicht im Roman verwenden konnte. Daß Humboldt im Reisebericht von einem besonders häßlichen Affen schreibt, den er entdeckt habe, um ihn dann sogleich den Humboldtaffen zu nennen, das ist natürlich unglaublich komisch. Aber nur, wenn es wirklich geschehen ist. Im Roman konnte ich das nicht gebrauchen, denn dort wäre es per se zur Fiktion geworden, und als solche ist es ein ziemlich schwacher Scherz. Nur die Wirklichkeit kann sich leisten, sehr unwahrscheinlich zu sein. Die Fiktion ist gezwungen, glaubhaft zu bleiben, dagegen kann man nichts machen. Ursprünglich hatte ich mich ja entschlossen, nie über diese Dinge zu sprechen, also den Knoten, den ich aus Fakten und Erfindungen geknüpft hatte, nie mehr zu öffnen. Ich saß dann jedoch mit meinem Verleger (ich habe das Glück, einen Verleger zu haben, mit dem man wirklich über Bücher sprechen kann, nicht nur über Weltpolitik und Vorschüsse) beim Essen und sagte dies und das über mein eben abgeschlossenes Manuskript und das Verhältnis von Erfindung und Wahrheit darin. Worauf er plötzlich fragte: »Und warum wollen Sie das nicht aufschreiben? Einmal, ein für allemal, damit Sie keiner mehr danach fragen muß?« Nun, und das habe ich dann gemacht. Gefragt wurde ich natürlich trotzdem ständig, aber ich konnte dann einfach tun, was ich jetzt auch tue, nämlich einige Passagen daraus vorlesen. Sie erlauben?

*Wenn es sein muß.*

»Als ich begann, meinen Roman über Gauß, Humboldt und die quantifizierende Erfassung der Welt zu schreiben, über Aufklärer und Seeungeheuer, über Größe und Komik deutscher Kultur, wurde mir schnell klar, daß ich erfinden mußte. Erzählen, das bedeutet, einen Bogen spannen, wo zunächst keiner ist, den Entwicklungen Struktur und Folgerichtigkeit gerade dort verleihen, wo die Wirklichkeit nichts davon bietet – nicht um der Welt den Anschein von Ordnung, sondern um ihrer Abbildung jene Klarheit zu geben, die die Darstellung von Unordnung erst möglich werden läßt. Gerade wenn man darüber schreiben will, daß der Kosmos chaotisch ist und sich der Vermessung verweigert, muß man die Form wichtig nehmen. Man muß arrangieren, muß Licht und Schatten setzen. Besonders die Darstellung meiner zweiten Hauptfigur, des wunderlichen Barons Alexander von Humboldt, jener Kreuzung aus Don Quixote und Hindenburg, verlangte nach Übersteigerung, Verknappung und Zuspitzung. Hatte er in Wirklichkeit eine eher undramatische Rundreise von über sechs Jahren Dauer gemacht, so mußte ich, um davon erzählen zu können, nicht nur sehr viel weglassen, sondern Verbindungen schaffen und aus isolierten Begebenheiten zusammenhängende Geschichten bauen.

So verwandelte ich den Assistenten des Barons, den treuen und vermutlich eher unscheinbaren Botaniker Aimé Bonpland, in seinen aufmüpfigen Widerpart. In Wirklichkeit war Humboldt meist inmitten einer sich ständig verändernden Gruppe gereist: Adelige und Wissenschaftler gesellten sich dazu, solange sie Lust und Interesse hatten, von den Missionsstationen kam der eine oder andere Mönch eine Strecke mit. Nur sehr kleine Teile der ungeheuren Distanz legte Humboldt tatsächlich alleine mit Bonpland zurück. Mein Humboldt aber und mein Bonpland, das wußte ich von Anfang an, würden sehr viel Zeit zu zweit verbringen. Mein Bonpland würde lernen, was es hieß, sich in Gesellschaft eines uniformierten, unverwüstlichen, ständig begeisterten und an jeder Kopflaus, jedem Stein und jedem Erdloch interessierten Preußen durch den Dschungel zu kämpfen. Also mußte ich auf Carlos Montúfar verzichten.

Der Sohn des Gouverneurs von Quito hatte sich den beiden Anfang 1802 angeschlossen, ein Teenager, der die Gelegenheit zu einer Grand Tour ergriff, wie sie sich ihm nicht noch einmal bieten würde. Er war bei der Besteigung der Vulkane Pichincha und Chimborazo dabei, er kam mit zu Präsident Jefferson in die Vereinigten Staaten, er begleitete Humboldt nach Europa und wohnte sieben Jahre bei ihm in Paris. Dann ging er zurück ins neugegründete Ecuador, um sich am Freiheitskampf zu beteiligen, wurde nach wenigen Monaten von den Spaniern gefaßt und standrechtlich erschossen. Gerüchte besagten, daß Humboldt wegen Carlos den vierten Teil seines Reiseberichtes verbrannt habe. Aber was der Baron auch zu verbergen hatte und was immer in Wahrheit zwischen den beiden vorgefallen war – in meiner Version hatte ein dritter Begleiter nichts verloren. Wie Don Quixote und Sancho, Holmes und Watson, Waldorf und Statler sollten meine Reisenden ein verschworenes, streitendes Paar sein. Viele Dutzend Menschen mochten mit Humboldt den Kontinent durchstreift haben, aber meine Dramaturgie verlangte, daß er und Bonpland, umgeben bloß von den Randfiguren wechselnder Führer, miteinander allein blieben.

Humboldts Bericht von seinem, Bonplands und Montúfars Versuch, am 23. Juni 1802 den Chimborazo zu besteigen, ist eine nüchterne Aufzählung der Fakten, die scheinbar keine Fragen offen läßt, verfaßt im typischen Souveränitätston der Expeditionsbeschreibungen des achtzehnten Jahrhunderts, dem Ton des selbstgewissen Europäers auf Forschungs- oder Eroberungsreise: neugierig, doch von den Strapazen unberührt, diszipliniert, kühl, *aloof*. In diesem Ton berichtete Samuel Johnson von der schottischen Hebridenwildnis, in diesem Ton tauschten Livingstone und Stanley ihren sprichwörtlich gewordenen Gruß in der Wildnis aus, und erst V. S. Naipaul brachte ihn aus den ehemaligen Kolonien zurück ins Mutterland, als er sich seiner bediente, um die britische Provinz zu schildern.

Wer aber die Texte zeitgenössischer Alpinisten liest, erfährt sehr genau, was mit einem Hochgebirgskletterer vorgeht. Einiges davon deutete Humboldt an, vieles verschwieg er. Selbst Leute mit bester Kondition erbrechen ständig, ihnen ist sterbenselend, sie haben Halluzinationen. Versuchen sie, sich in großer Höhe zu unterhalten, lallen sie wie Betrunkene, klar denken können sie nicht, ihre Schleimhäute und sogar Augen bluten. Bei Humboldt, Bonpland und Montúfar kann es nicht anders gewesen sein. Im souverän-kühlen Ton von Humboldts Bericht steckt also nicht unbedingt weniger Fiktion als in jener Episode der Verwirrung und taumelnden Ziellosigkeit, die ich daraus gemacht habe. Künstlerische Satire ist immer, auf die eine oder andere Art, die Konfrontation eines Tons mit jener Wirklichkeit, die zu verschleiern er erfunden wurde – ein Zusammenprall, an dem der Ton scheitert und die sorgsam einstudierte Haltung bricht. In meinem Roman werden Humboldts und Bonplands Gespräche während des Aufstiegs immer wirrer und trunkener und nähern sich erst während des Abstiegs allmählich wieder dem Vernünftigen an. So viel Mühe und Haltung, solche Leugnung der niederen Wirklichkeit, so viel Überwindung eigener Schwäche sind zur Weimarer Klassizität nötig, das ist das Große und, wenn es scheitert, das Komische an ihr. Meine Version des Chimborazo-Berichts sollte eben dies durch ein Hinzutun von bergsteigerischem Realismus sichtbar machen: Weimars Gesandter in Macondo durchläuft gemeinsam mit seinem Assistenten auf dem Rücken des Vulkans Wahnsinn, Übelkeit, Schwindel, Angst und Verwirrung – all das also, dessen Leugnung den Klassiker überhaupt erst definiert.«

Das war's. Sind Sie noch da?

*Mehr oder weniger. Aber die Klassik, das ist doch wesentlich Kunst. Und Humboldt und Gauß haben bei Ihnen gemeinsam, daß sie sich nicht für Kunst interessieren.*

Sie sind Gegner des Erzählens, der narrativen Kunst. Wie übrigens auch die Jesuitenmissionare, die im Roman auftreten. Das ganze Buch ist voll von Feinden des Erzählens. Manche davon bringen Argumente vor, die denen der antinarrativen Avantgarde des zwanzigsten Jahrhunderts nicht unähnlich sehen. Ich lasse Humboldt ja sogar sagen, daß die Weiterentwicklung der Fotografie die Malerei überflüssig machen wird – diese abgestandenste aller Seminarphrasen. Der historische Humboldt wollte tatsächlich einen Katalog von Pflanzenmerkmalen aufstellen, an die die Maler sich dann halten müßten. Er fand es unerträglich, daß Gemälde die Natur nicht so zeigen, wie sie aber nun einmal für den Wissenschaftler aussah. Ich lasse meinen Humboldt dann noch einen Schritt weiter gehen und eine Liste der Eigenschaften historischer Personen fordern, von denen Dramatiker und Erzähler dann nicht mehr abweichen würden – was genau solch einen Roman, wie ich ihn geschrieben habe, verhindern würde.

Humboldt vertritt das Weltbild der Klassik, aber eben ohne jenes durchheiternde, spielerische Element der Befreiung durch Kunst, um dessentwillen man ihr dann doch die Striktheit und Humorlosigkeit gerne verzeiht. Goethe ist ja nicht bloß pathetischer Humanist, er ist auch Erfinder des amoralischen Reineke Fuchs und der vitalsten Teufelsfigur der Literaturgeschichte. Und in seinem letzten Brief spricht er von »Faust II« als »jenen sehr ernsten Scherzen«. Ist das nicht schön? Eine bessere Wendung für das Wesen der Kunst wurde nie gefunden.

Humboldt, dagegen, das ist der Klassik gnadenlose Seite. Und für Gauß sind Zahlen die eigentliche Realität und die Menschenwelt, mit der die Kunst es aber nun mal zu tun hat, eine zweitklassige platonische Abspiegelung. Wenn es wirklich ein Manko gibt, das die beiden teilen, dann ist das lang nicht so sehr ihre Mißachtung für andere Menschen, von der in den Reaktionen auf den Roman so oft die Rede ist. Jeder, der etwas Großes erreichen will, konzentriert sich so sehr, daß er mehr oder minder untauglich wird für das Spiel des Soziallebens. Nein, ihr Manko ist, daß sie in einer Welt leben, in der Kunst keine Rolle spielt. Das ist das eigentlich Inhumane an ihnen. Und dem setze ich, auch formal, Südamerika entgegen, also das Primat des scheinbar unstrukturierten, sprudelnden Erzählens. Das Episodische des Buches, das ständige Entwickeln und Wegwerfen von kleinen und kleinsten Geschichten, die alle gleich wichtig scheinen und die man achtlos fallenläßt, als wäre die Welt so voll von Geschichten, daß es auf jede einzelne kaum ankommt, das ist eben der südamerikanische Erzählgestus. Es ist der Anti-Weimar-Gestus und die Gegenposition zur Erzählfeindlichkeit der Figuren. Aus diesem Zusammenprall einer Form mit einem ihr völlig heterogenen Inhalt entsteht die Grundironie des Romans.

*Und aus der indirekten Rede.*

Ja, der Pseudosachlichkeit des Tons. Als hätte es, ich habe das immer wieder gesagt, ein verrückter Historiker geschrieben. Das genau war meine Vorgabe bei der Arbeit: Es sollte klingen, als wäre ein seriöser Historiker plötzlich wahnsinnig geworden. Übrigens wenden sich regelmäßig Leute an mich, um mir zu erzählen, dieser oder jener Konjunktiv wäre falsch. Freunde, ich bin nicht von der größten Selbstsicherheit, und als ich das Manuskript abschloß, waren wohl noch einige Konjunktivfehler darin. Vor der Drucklegung aber wurde es von zwei der besten Lektoren Deutschlands durchgesehen. Außerdem von etwa sieben renommierten Schriftstellern. Unter allen Reaktionen hat mich am meisten belustigt die tapfere Redakteurin der Stuttgarter Zeitung, die in einer öffentlichen Diskussion erklärte, da wären ja so viele Konjunktive falsch! Ich habe ihr ausrichten lassen, sie solle mir eine Liste schicken, ich sei bereit, ihr für jeden gefundenen Fehler hundert Euro zu überweisen. Sie hat nie geantwortet. Wissen Sie, mit Konjunktiven ist es wie mit Uniformen. Ich weiß, daß Fernsehsender bei jedem Film, in dem Uniformierte auftreten, unzählige Anrufe von Privatgelehrten bekommen, die ihnen erklären, alle Uniformen seien schon wieder ganz falsch. Bloß, die eine Sache, die in Filmen eigentlich nie falsch ist, sind die Uniformen. Es gibt Spezialisten genau dafür, und jede Produktion, die mit Soldaten zu tun hat, engagiert einen von ihnen als Berater. Aber es hilft nichts, das Land ist voll von Leuten, die nur auf ein Stück grünen Stoffs warten, um zornbebend zum Hörer zu greifen. Uniformen und Konjunktive, da kommt der deutsche Kulturkonsument in Rage. Vermutlich sagt das etwas Tiefgründiges über das Land aus.

*Was denn?*

Keine Ahnung.

*Dann kommen wir doch zum Ende. Eine kleine Frage noch, die mich persönlich interessiert.*

Sie persönlich interessiert das, was ich für Sie erfunden habe. Ihre Fragen stammen doch von mir!

*Werden Sie jetzt postmodern? Da haben wir uns so bemüht, den Anschein einer echten Befragung nicht zu durchbrechen, und plötzlich fangen Sie so an. Was soll denn das bitte?*

Entschuldigung, natürlich. Also: was interessiert Sie persönlich?

*Wilhelm. Was hat Ihnen denn der getan? Warum stellen Sie den so dar?*

Wilhelm von Humboldt ist vielleicht wirklich die einzige Figur, mit der ich ziemlich aggressiv-polemisch umgehe. Ich denke, daß Alexander tatsächlich nach Südamerika ging, weil er so weit wie möglich von seiner Familie, und das war nach dem Tod der Mutter eben vor allem dieser fürchterliche Erzieherbruder, weg sein wollte. Die Tropen, das war für ihn der Ort, wo sein Bruder nicht war. Nur daß der Bruder dann natürlich sehr wohl vor Ort war, weil Humboldt jede Entdeckung sofort in Briefen an ihn festhielt, weil er also gewissermaßen die ganze Reise für den Bruder und vor dessen Augen machte. Die Humboldt-Forschungsstelle der Brandenburgischen Akademie hat sich sehr bei mir beschwert, weil sie fast wöchentlich Anrufe von Leuten bekommt, die wissen möchten, ob der kleine Wilhelm wirklich versucht hat, den kleinen Alexander umzubringen. Ich finde ja, sie sollten sich darüber freuen, wann hat schon die Humboldt-Forschungsstelle zuletzt so interessante Anfragen bekommen?

Tatsache ist, daß Wilhelm, wenn man seine Briefe genau liest, seltsam sadistische Züge offenbart. Ganz klar gesagt: Er liebte es, wenn Leute sich ihm unterwarfen. Auch und besonders Frauen. Diesen Zug wohlanständiger Grausamkeit habe ich versucht im Buch unauffällig zu verewigen. Ich denke, eine sadistische Grundveranlagung ist in jedem außer einem einzigen Fall Privatsache und nicht von größerem Interesse.

*Mhm.*

Oder?

*Was weiß denn ich.*

Na nun fragen Sie mich schon, welches der eine Fall ist!

*Bitte sehr. Welches ist der eine Fall, in dem das keine Privatsache mehr ist?*

Der Erfinder des deutschen Schulsystems.

*Ein schönes Schlußwort. Das sagt man doch, wenn man dem anderen bedeuten will, daß es jetzt genug ist, nicht wahr? Ein schönes Schlußwort also. Und vielen Dank.*

Ich danke Ihnen für Ihre Fragen.

Die Vorlesungen wurden am 8. und 9. November 2006 in der Aula der Göttinger Universität gehalten. Die im Druck kursiv gesetzten Fragen las Heinz Ludwig Arnold.
Die auf den Seiten 36 bis 39 zitierte Passage ist Daniel Kehlmanns Buch »Wo ist Carlos Montúfar?« (Rowohlt 2005) entnommen.

**Bibliografische Information der Deutschen Nationalbibliothek**

Die Deutsche Nationalbibliothek verzeichnet diese Publikation in der Deutschen Nationalbibliografie; detaillierte bibliografische Daten sind im Internet über http://dnb.d-nb.de abrufbar.

Dritte Auflage 2009
© Wallstein Verlag, Göttingen 2007
www.wallstein-verlag.de
Vom Verlag gesetzt aus der Stempel Garamond
Umschlagvignette: Thomas Müller
Druck: Hubert & Co, Göttingen
ISBN: 978-3-8353-0145-0

Göttinger Sudelblätter
Herausgegeben von Heinz Ludwig Arnold

*zuletzt erschienen:*

HELMUT HEISSENBÜTTEL
»Neue Blicke durch die alten
Löcher«. Essays über Georg
Christoph Lichtenberg

ULRIKE DRAESNER
Zauber im Zoo. Vier Reden von
Herkunft und Literatur

HERMANN KORTE
»Meine Leserei war maßlos«.
Literaturkanon und Lebenswelt
in Autobiographien seit 1800

ANDREAS VON SEGGERN
Ins Abseits dichten?
Fußball literarisch

H. G. ADLER
Über Franz Baermann Steiner.
Brief an Chaim Rabin

GRIGORIJ PASKO
Honigkuchen. Anleitung zum
Überleben hinter Gittern

HANJO KESTING
Der Musick gehorsame Tochter.
Mozart und seine Librettisten

NAVID KERMANI
Strategie der Eskalation.
Der Nahe Osten und die Politik
des Westens

JOËL METTAY
Die verlorene Spur. Auf der
Suche nach Otto Freundlich

HARTMUT VON HENTIG
14 Punkte zur Beendigung des
Rechtschreibkrieges

HANS WOLLSCHLÄGER
Moments musicaux.
Tage mit TWA

GUNTHER NICKEL (HG.)
Kaufen! statt Lesen!
Literaturkritik in der Krise?

HEINZ LUDWIG ARNOLD (HG.)
Mit Lessing ins Gespräch

STEFAN SCHÜTZ
Staschs Affekt

CHRISTIAN HEIMPEL
Bericht über einen Dieb

H.G. ADLER –
HERMANN BROCH
Zwei Schriftsteller im Exil.
Briefwechsel

MOSHE ZUCKERMANN
Wohin Israel?

HANJO KESTING
Heinrich Mann
und Thomas Mann.
Ein deutscher Bruderzwist

URSULA ZIEBARTH
»Trau deinen Augen«
Über Otto Dix

ANGELIKA OVERATH,
NAVID KERMANI,
ROBERT SCHINDEL
Toleranz. Drei Lesarten
zu Lessings »Märchen vom Ring«
im Jahre 2003

9783835301450.3